LES SAUCES MINCEUR

Toutes les saveurs sans les calories !

Photos-gestes : David Péribois
Stylisme des photographies : Martine Muriot, Studio Soleil Noir
Maquette et mise en page : Axel Buret, Studio de création Flammarion

ISBN : 2-0820-3101-2
Imprimé en France

Cuisine d'aujourd'hui

Aglaé Blin
Photographies de Alain Muriot

LES SAUCES MINCEUR

Toutes les saveurs sans les calories !

Flammarion

Sommaire

Les sauces

Vous faire maigrir avec le sourire, tel est le but de ce livre sur les sauces minceur. En effet, tout régime "basses calories" est au premier abord fastidieux : le choix des mets s'avère limité, les matières grasses n'ont plus leur place, le sucre est proscrit... Autant d'interdits à contourner pour accéder à son poids idéal.

Et pourtant, avec un zeste d'imagination et une pincée de savoir-faire, les repas peuvent être infiniment variés. C'est bien là la clé du succès : chassez l'ennui de la monotonie et les kilos s'envoleront comme par magie ! Bien sûr, il vous faudra changer quelques habitudes et ceux ou celles qui ne résistent pas au beurre et à la crème auront plus de mal à passer aux allégés. Mais le jeu en vaut la chandelle pour perdre quelques poignées d'amour mal placées.

Comme vous le savez, salades, légumes et crudités ne vous feront pas prendre un gramme si vous les associez à des vinaigrettes légères ou à des préparations à base de fromage blanc. Mais attention, saveur oblige !

Grillades, volailles et poissons, toujours au rendez-vous de la minceur, prendront un air de fête sitôt escortés d'un jus ou d'un coulis parfumé. Quant aux pâtes, parfaitement intégrées dans le cadre d'un programme amaigrissant, elles constitueront un plat bien sympathique en compagnie d'une sauce aromatique avec le minimum de matières grasses autorisées.

Les sauces desserts ne sont pas oubliées. Edulcorées, elles apporteront une note de douceur lors d'un régime prônant gaieté et convivialité. Mais oui, toute la famille et les amis pourront en profiter, ravis eux aussi de partager un repas conjuguant gourmandise et légèreté.

Les dix règles d'or

1. Faites trois vrais repas par jour : un grand petit-déjeuner, un déjeuner consistant et un dîner léger.

2. Ne sautez jamais un repas et bannissez le grignotage.

3. Ne cherchez pas à maigrir trop vite (1 kilo par semaine au maximum) et ne réduisez pas votre alimentation à moins de 1200 calories par jour : les kilos perdus trop rapidement ont toutes les chances de revenir dès l'arrêt du régime.

4. Buvez beaucoup d'eau (1,5 litre minimum), à toute heure de la journée ou pendant les repas (cela n'a aucune importance).

5. Variez votre alimentation en puisant dans les cinq grandes familles d'aliments : des fruits et des légumes pour les fibres et les vitamines ; des produits laitiers pour le calcium ; des viandes maigres, poissons et œufs pour les protéines (afin de favoriser la fonte de la graisse et non des muscles) ; des produits céréaliers

de la minceur

comme les pâtes, le pain, le riz et les légumes secs pour les glucides complexes (source d'énergie longue durée) ; des corps gras en faible quantité pour leurs acides gras essentiels (indispensables au système nerveux).

6 Privilégiez les cuissons-minceur : à la vapeur, en papillotes, au four, au micro-ondes ou au gril.

7 Pesez-vous deux fois par semaine en moyenne, toujours à la même heure et dans la même tenue.

8 En hiver, ne surchauffez pas votre maison : la lutte contre le froid fait perdre des calories.

9 Bougez aussi souvent que possible : montez les escaliers, faites vos courses à pied, levez-vous de table pour débarrasser, en un mot : remuez-vous.

10 Après l'effort... la surveillance : l'après-régime n'est pas si facile. Revenez très doucement à une alimentation normale.

SAUCES POUR ENTRÉES FROIDES, SALADES ET CRUDITÉS

Dans le cadre d'un régime-minceur, les légumes se taillent une place de choix, apportant fibres et vitamines à l'organisme. Poids-plumes en calories, leur consommation n'est pas limitée. Reste à trouver la bonne sauce, qui les mettra en valeur sans pour autant menacer votre ligne.

50 calories par portion
(50% de réduction calorique)

Pour 4 personnes :

1 cuillerée à soupe de vinaigre

1 cuillerée à soupe d'eau

1 cuillerée à café de moutarde

2 cuillerées à soupe d'huile

Sel, poivre

Vinaigrette allégée

Cette vinaigrette contenant deux fois fois moins d'huile qu'une vinaigrette classique, il est vivement conseillé d'utiliser un très bon vinaigre doublé d'une huile fruitée. Des fines herbes, une pointe d'ail ou d'échalote sont bien sûr les bienvenues. Les variantes proposées vous donneront aussi quelques idées.

Dans un bol ou directement dans le saladier, faites dissoudre une pincée de sel dans le vinaigre.

Mélangez-y la moutarde, puis ajoutez l'eau et l'huile en fouettant à la fourchette pour émulsionner la sauce. Poivrez au moulin.

1 Mélangez jus de citron, vinaigre, eau et huile.

2 Retirez graines et filaments du piment avant de le hacher.

3 Au dernier moment, parfumez de menthe et coriandre.

Vinaigrette orientale

Mélangez 1 cuillerée à soupe de jus de citron, 2 cuillerées à café de vinaigre balsamique, 1 cuillerée à soupe d'eau et 2 cuillerées à soupe d'huile d'olive. Ajoutez une pointe de piment frais haché, 2 cuillerées à café de graines de cumin grillées et concassées, 1 cuillerée à soupe de menthe et autant de coriandre fraîche ciselée.

A déguster avec : légumes cuits à la vapeur, salade de champignons.

Variantes gourmandes

Vinaigrette exotique

Mélangez 1 cuillerée à soupe de jus de citron vert, 1 cuillerée à soupe d'eau, 1 cuillerée à soupe de rhum blanc et 2 cuillerées à soupe d'huile. Relevez d'une pointe de piment.

A déguster avec : salades de fruits de mer.

Vinaigrette normande

Mélangez 1 cuillerée à soupe de vinaigre de cidre, 2 cuillerées à café de moutarde à l'ancienne, 1 cuillerée à soupe d'eau, 2 cuillerées à soupe d'huile et 1 cuillerée à soupe de crème allégée.

A déguster avec : salade d'endives et salades composées à base de pommes-fruits.

Vinaigrette provençale

Mélangez 1 cuillerée à soupe de vinaigre, 1 cuillerée à café de jus de citron, 1 cuillerée à soupe d'eau et 2 cuillerées à soupe d'huile d'olive. Ajoutez 1/2 gousse d'ail pressée, 1 tomate concassée et 1 cuillerée à soupe de basilic ciselé.

A déguster avec : salade romaine, légumes- vapeur, poisson froid.

Sauce ravigote

Mélangez 1 cuillerée à soupe de vinaigre de vin blanc, 1 cuillerée à soupe de vin blanc sec, 1 cuillerée à soupe d'eau, 2 cuillerées à café de moutarde forte et 3 cuillerées à soupe d'huile. Ajoutez 1 cuillerée à soupe de câpres, 1 échalote hachée et 2 cuillerées à soupe de fines herbes ciselées (persil, ciboulette, estragon).

A déguster avec : salade de bœuf et salade de pommes de terre.

Sauce acidulée au basilic

1 Faites fondre le sel dans le jus des agrumes.

2 Fouettez vivement à la fourchette pour émulsionner la sauce.

85 calories par portion

Pour 4 personnes :

2 cuillerées à soupe de jus de pomelos

1 cuillerée à soupe de jus de citron

3 cuillerées à soupe d'huile d'olive

1 cuillerée à soupe de basilic ciselé

Sel, poivre du moulin

Feuilles-de-chêne ou roquette, bouquets de mâche ou de cresson, cœur de trévise ou de frisée : toutes s'accorderont avec cette sauce.

Dans un bol, faites fondre 2 pincées de sel dans le jus de pomelos et de citron. Ajoutez l'huile d'olive en fouettant à la fourchette afin d'émulsionner la sauce.

Au dernier moment, parfumez-la de basilic. Poivrez au moulin et servez.

Conseil

Pour une salade composée à base de fruits de mer (crabe ou crevettes), remplacez le jus de pomelos par du jus d'orange.

Sauce yaourt-citron

45 calories par portion

Pour 4 personnes :

4 cuillerées à soupe de yaourt brassé nature

1 cuillerée à soupe de jus de citron

1 cuillerée à soupe d'huile d'olive

Sel, poivre

Elle assaisonne à merveille la romaine, le cresson et la salade de champignons.

Mélangez le yaourt, le jus de citron et l'huile d'olive. Salez et poivrez.

Conseils

Pour davantage d'onctuosité, utilisez du yaourt grec (composé de lait de vache et de lait de brebis).
Ciboulette, cerfeuil ou estragon sont aussi les bienvenus pour parfumer la sauce.

Mayonnaise minceur

80 calories par portion
(78 % de réduction calorique)

Pour 4 personnes :

2 jaunes d'œufs durs

2 cuillerées à café de moutarde forte

1 cuillerée à soupe de jus de citron

250 g de fromage blanc battu à 20 % de matière grasse

Sel, poivre

A base de fromage blanc et sans huile, elle conjugue fraîcheur et légèreté. De plus, c'est la sauce inratable par excellence.

Écrasez les jaunes d'œufs durs à la fourchette avec la moutarde et le jus de citron.

Incorporez progressivement le fromage blanc en fouettant la sauce afin de bien l'émulsionner. Salez et poivrez.

Sauce rémoulade allégée

1 Préparez une mayonnaise minceur bien moutardée.

2 Ajoutez câpres et cornichons hachés.

3 Parfumez d'estragon ciselé.

Préparez une mayonnaise minceur en comptant 3 cuillerés à café de moutarde. Ajoutez 40 g de câpres, autant de cornichons et un bouquet d'estragon ciselé.

A déguster avec : œufs durs, brochettes de fruits de mer, légumes vapeur et crudités.

Variantes gourmandes

Sauce verte

Ébouillantez 125 g de cresson, de mâche ou de persil (ou un mélange de fines herbes). Égouttez à fond en pressant les herbes puis mixez-les avant de les incorporer à la mayonnaise minceur. (Si vous possédez une centrifugeuse, préparez directement un jus d'herbes sans les ébouillanter au préalable.)

A déguster avec : poissons froids, œufs durs, légumes vapeur.

Sauce rose

Ajoutez 3 cuillerées à soupe de ketchup à la mayonnaise minceur. Relevez d'un trait de cognac et d'une pointe de piment de Cayenne.

A déguster avec : cocktail de crabe ou de crevettes.

Dip aux oignons

Plus épais qu'une sauce, le dip, d'origine anglo-saxonne, est une préparation bien relevée dans laquelle chacun trempe les crudités de son choix.

75 calories par portion

Pour 6 personnes :

500 g de fromage blanc à 20 % de matière grasse

1 botte d'oignons nouveaux

1 gousse d'ail

Sel, poivre

Hachez les oignons et pressez l'ail.

Battez le fromage blanc. Assaisonnez-le de sel et poivre. Incorporez-y les oignons et l'ail. Servez frais.

Astuce express

Remplacez les oignons, l'ail et l'assaisonnement par un demi-sachet de soupe à l'oignon lyophilisée.

Dip au thon

150 calories par portion

Pour 6 personnes :

250 g de thon en boîte au naturel

250 g de fromage frais allégé (type Saint-Moret léger)

3 oignons blancs

1 cuillerée à soupe de moutarde à l'ancienne

1 botte de ciboulette

1 bouquet d'aneth

Piment de Cayenne

Égouttez le thon. Mixez-le avec le fromage frais jusqu'à ce que la préparation soit lisse et homogène.

Hachez finement les oignons et ciselez les herbes. Incorporez la moutarde à l'ancienne, les oignons et les fines herbes. Relevez d'une pointe de Cayenne.

Servez frais.

Sauce aux fines herbes

50 calories par portion

Pour 4 personnes :

250 g de fromage blanc à 20 % de matière grasse

2 cuillerées à soupe de vinaigre de vin

1 cuillerée à soupe de sauce de soja

1 cuillerée à café de moutarde forte

1 bouquet de cerfeuil

1/2 bouquet d'estragon

Sel, poivre

Bien relevée et parfumée à souhait, elle est parfaite pour accompagner une salade de haricots verts ou de champignons.

Battez le fromage blanc avec le vinaigre, la sauce de soja et la moutarde. Asaisonnez de sel et de poivre moulu.

Ciselez finement le cerfeuil et l'estragon. Incorporez les fines herbes à la sauce et servez rapidement.

Variante

Pour s'associer à une salade de courgettes ou d'aubergines (cuites à la vapeur), remplacez le cerfeuil et l'estragon par un mélange constitué pour moitié de coriandre et pour moitié de menthe.

Concassée de tomates au fromage blanc

75 calories par portion

Pour 6 personnes :

500 g de tomates

250 g de fromage blanc à 20% de matière grasse

10 cl de crème allégée

1 bouquet d'estragon

1 citron

Sel, poivre

Fraîche à souhait, cette sauce s'associe avec bonheur avec toutes les terrines de légumes ou de poissons.

Incisez les tomates en croix. Ébouillantez-les 30 secondes. Égouttez-les, pelez-les et épépinez-les. Coupez-les en tout petits dés et saupoudrez-les de sel. Laissez dégorger 20 minutes.

Dans une terrine, battez le fromage blanc avec la crème. Ajoutez le jus du citron, l'estragon ciselé puis les tomates bien égouttées. Salez et poivrez.

Servez très frais.

1 Incisez les tomates à l'opposé du pédoncule.

2 Laissez tiédir quelques instants avant de les peler.

3 Epépinez-les et coupez-les en petits cubes.

4 Vérifiez l'assaisonnement avant de servir très frais.

Crème de moutarde

80 calories par portion

Pour 4 personnes :

20 cl de crème allégée à 15 % de matière grasse

3 cuillerées à soupe de moutarde forte

Poivre blanc

Prête en un clin d'œil, elle est toujours exquise avec des asperges ou des artichauts cuits et servis tièdes.

Dans un bol, mélangez la crème allégée et la moutarde. Relevez d'une pointe de poivre blanc.

Servez frais.

Sauce tomate-raifort

25 calories par portion

Pour 4 personnes :

6 cuillerées à soupe de ketchup

2 cuillerées à café de raifort râpé (condiment à base de radis sauvage)

Tabasco (facultatif)

Aux Etats-Unis, elle est proposée avec de grosses crevettes roses que chacun décortique avant de les tremper dans la sauce. Subtile et originale, elle remplace judicieusement la mayonnaise avec le homard, la langouste et le crabe.

Dans un bol, mélangez le ketchup et le raifort jusqu'à ce que la préparation soit homogène.

Goûtez et relevez si nécessaire de 1 à 2 gouttes de Tabasco.

SAUCES POUR VIANDES ROUGES ET VOLAILLES

Quand l'organisme est au régime, il puise son énergie dans ses réserves graisseuses ainsi que dans les protides, constituants des muscles. Pour éviter une fonte musculaire, il faut bien sûr mettre de la viande au menu. Celle-ci sera choisie la moins grasse possible : lapin, poulet, dinde et bœuf maigre. Mais pour ne pas vous abonner au steak grillé ou au blanc de volaille « sans la peau », faites vos jeux en puisant dans cette palette de sauces minceur.

Sauce chasseur

1 Incorporez la fécule et le concentré au fond de veau.

2 Si vous utilisez de petits champignons de Paris, laissez-les entiers.

3 Mélangez vivement en fin de cuisson pour que la sauce n'attache pas.

Toujours à base de champignons, elle escorte déliceusement le lapin rôti, le poulet et les rognons grillés.

Délayez le fond de veau déshydraté dans 25 cl d'eau bouillante. Laissez bouillir et réduire 5 minutes pour concentrer les arômes.

Dans un bol, délayez la fécule (ou la Maïzena) et le concentré de tomate dans le madère.

Versez cette préparation dans le fond de veau bouillant en fouettant. Faites épaissir 1 minute sans cesser de mélanger. Salez et poivrez. Réservez.

Faites fondre les échalotes hachées 2 à 3 minutes dans l'huile d'olive. Ajoutez les champignons émincés. Faites-les revenir 5 à 6 minutes en mélangeant. Salez et poivrez. Mouillez avec le vin blanc. Faites-le bouillir et réduire de moitié.

Ajoutez la sauce à base de fond de veau. Laissez frémir encore 1 minute. Rectifiez l'assaisonnement. Parfumez d'estragon ciselé et servez.

75 calories par portion

Pour 6 personnes :

200 g de champignons de Paris

2 échalotes

3 cuillerées à café de fond de veau déshydraté

15 cl de vin blanc sec

1 cuillerée à café de fécule de p. de terre (ou Maïzena)

1 cuillerée à soupe de concentré de tomate

5 cl de madère

1 cuillerée à soupe d'huile d'olive

4 brins d'estragon

Sel, poivre

Conseil

S'il vous reste du bouillon de volaille ou de pot-au-feu (dégraissé), utilisez-le à la place du fond de veau.

Sauce barbecue

1 Faites fondre les oignons à feu doux.

2 Remuez régulièrement en cours de cuisson.

3 Laissez refroidir avant de recouvrir la viande à griller.

80 calories par portion

Pour 6 personnes :

1 kg de tomates

2 oignons

2 gousses d'ail

1 cuillerée à soupe de concentré de tomate

40 g de cassonade

5 cl de vinaigre de cidre

1 cuillerée à soupe de Worcestershire sauce

1 cuillerée à soupe d'huile

Piment de Cayenne, sel de céleri

D'origine américaine, cette sauce n'est pas une sauce d'accompagnement mais un condiment réservé à la cuisson des viandes grillées au barbecue. Elle possède en effet trois fonctions : parfumer, protéger et humidifier afin que la pièce à cuire reste moelleuse. Pour éviter qu'elle ne coule sur les braises, elle doit être assez épaisse.

Faites revenir les oignons émincés 3 à 4 minutes dans l'huile chaude jusqu'à ce qu'ils soient transparents. Ajoutez les tomates pelées, épépinées et concassées, le concentré, l'ail pressé, la cassonade et la Worcestershire sauce. Assaisonnez d'une pointe de Cayenne et de sel de céleri.

Faites cuire 30 minutes sur feu doux en remuant souvent. Rectifiez l'assaisonnement en fin de cuisson.

Laissez complètement refroidir avant d'en enduire les pièces de viande à griller.

Sauce barbecue

Sauce moutarde

80 calories par portion

Pour 4 personnes :

20 cl de crème allégée

1 oignon

2 cuillerées à soupe de moutarde forte

1 cuillerée à café de poivre vert

5 cl de vermouth blanc

1/2 bouquet d'estragon

Sel

Pour préserver son parfum et lui éviter de faire des petits grains, la moutarde s'ajoute au tout dernier moment dans cette sauce parfaite avec un steak grillé.

Pelez et hachez l'oignon. Mettez dans une casserole avec le vermouth. Laissez bouillir et réduire presque à sec. Ajoutez la crème allégée et le poivre vert grossièrement concassé. Faites bouillir encore 3 minutes.

Hors du feu, ajoutez la moutarde. Mélangez rapidement. Goûtez, salez si nécessaire et parfumez d'estragon ciselé. Servez aussitôt.

Sauce Papa

40 calories par portion

Pour 4 personnes :

1 échalote

1 gousse d'ail

10 cl de vin blanc sec

1 tablette de bouillon de volaille (ou 1 cuillerée à café de fond de volaille déshydraté)

1 cuillerée à soupe d'huile d'olive

1 cuillerée à café de crème

Sel, poivre

Cette bonne sauce de base escorte à merveille toutes les viandes blanches.

Délayez la tablette de bouillon de volaille (ou le fond) dans 20 cl d'eau bouillante. Réservez.

Pelez et hachez l'échalote et l'ail. Mettez-les dans une passoire et rincez-les sous un jet d'eau froide. Égouttez-les.

Faites chauffer l'huile d'olive dans une casserole. Mettez-y à blondir l'échalote et l'ail 3 à 4 minutes sur feu doux. Versez le vin blanc et le bouillon (ou le fond). Laissez bouillir et réduire de moitié (environ 15 minutes).

Rectifiez l'assaisonnement (c'est généralement assez salé par le bouillon, mais vous pouvez ajouter un bon tour de moulin à poivre). Hors du feu, ajoutez la crème. Servez bien chaud.

Variantes gourmandes

Sauce au curry

Ajoutez 1 cuillerée à café de curry en début de cuisson. Au moment de servir, liez la sauce avec la crème mélangée à 1 cuillerée à café de moutarde forte.

A déguster avec : blancs de poulet cuits à la vapeur.

Sauce au Xérès

Au dernier moment, ajoutez 1 cuillerée à soupe de Xérès et 1 cuillerée à soupe d'estragon ciselé.

A déguster avec : escalopes ou côtes de veau grillées.

Conseil

L'ajout de crème est facultatif, mais elle apporte liant **et** onctuosité à la sauce.

Sauce diable

100 calories par portion

Pour 4 personnes :

6 échalotes grises

15 cl de vinaigre de vin

3 cuillerées à soupe de concentré de tomate

80 g de beurre allégé (41 % de matière grasse)

1 cuillerée à café de poivre concassé

1/2 cuillerée à café de piment de Cayenne

1 pincée de sucre

Sel

Piquante mais onctueuse, c'est l'amie des brochettes de bœuf grillées.

Pelez et hachez les échalotes. Mettez-les dans une passoire. Passez-les rapidement sous un jet d'eau froide et égouttez-les. Mettez-les ensuite dans une casserole inoxydable avec le vinaigre, 2 pincées de sel, 1 pincée de sucre et le poivre concassé. Faites bouillir et réduire de moitié sur feu doux (environ 10 minutes).

Ajoutez le concentré de tomate dilué dans 3 cuillerées à soupe d'eau. Relevez de piment de Cayenne. Poursuivez la cuisson 5 à 7 minutes.

Hors du feu, incorporez le beurre en parcelles en secouant la casserole dans un mouvement de va-et-vient pour bien émulsionner la sauce.

Servez sans attendre.

Sauce béarnaise minceur

140 calories par portion
(46 % de réduction calorique)

Pour 4 personnes :

2 échalotes

2 jaunes d'œufs

100 g de beurre allégé (41 % de matière grasse)

1 gros bouquet d'estragon

5 cl de vin blanc

5 cl de vinaigre de vin blanc à l'estragon

Sel, poivre

Si le beurre allégé lui donne une consistance un peu moins ferme quc le beurre entier, cette sauce n'en est pas moins savoureuse. Il faut dire que l'estragon s'y taille une part de choix. A servir bien sûr avec une viande rouge grilée.

Pelez et hachez les échalotes. Ciselez la moitié du bouquet d'estragon.

Réunissez échalotes et estragon ciselé dans une casserole inoxydable avec le vin blanc et le vinaigre. Faites bouillir et réduire sur feu doux jusqu'à ce qu'il reste la valeur d' 1 cuillerée à soupe de liquide.

Hors du feu, ajoutez 2 cuillerées à soupe d'eau froide puis les jaunes d'œufs. Fouettez le mélange. Remettez la casserole sur feu doux ou au bain-marie. Continuez à fouetter jusqu'à ce que les jaunes soient crémeux.

Hors du feu, incorporez le beurre en parcelles, toujours en fouettant. Salez et poivrez. Parfumez du reste d'estragon frais ciselé. Servez aussitôt.

1 Faites bouillir vinaigre et vin à feu doux pour que les échalotes aient le temps de cuire.

2 Laissez tiédir quelques instants avant d'ajouter les jaunes d'œufs.

3 Incorporez le beurre en fouettant vivement avec un fouet manuel ou électrique.

Sauce aux foies de volaille et gingembre

50 calories par portion

Pour 4 personnes :

100 g de foies de volaille

4 échalotes

1/2 cuillerée à café de gingembre en poudre

10 cl de vin blanc

10 g de beurre

Sel, poivre

Originale et délicieuse, c'est une sauce rêvée pour des ecalopes de poulet ou des aiguillettes de canard grillées.

Dénervez les foies de volaille. Faites-les raidir 2 minutes à la poêle dans le beurre chaud. Retirez-les et remplacez-les par les échalotes hachées. Faites-les fondre 2 à 3 minutes sur feu doux. Mouillez avec le vin blanc et 10 cl d'eau. Faites bouillir et réduire de moitié (environ 12 minutes).

Hachez grossièrement les foies de volaille. Remettez-les dans la poêle. Parfumez de gingembre. Poursuivez la cuisson 2 minutes puis mixez le tout. Salez, poivrez et servez aussitôt.

Coulis d'oignons

60 calories par portion

Pour 4 personnes :

3 gros oignons

10 cl de crème allégée

1/2 citron

1/2 botte de ciboulette

Sel, poivre

Douce et crémeuse, elle est faite pour s'entendre avec un lapin rôti ou des coquelets grillés.

Pelez les oignons et coupez-les en quartiers. Mettez-les dans une casserole, recouvrez d'eau froide et laissez cuire 25 minutes à couvert.

Égouttez les oignons en réservant 5 cl d'eau de cuisson. Réduisez-les en purée au mixeur. Allongez avec l'eau de cuisson réservée et la crème allégée. Salez et poivrez.

Ajoutez un filet de citron et la ciboulette ciselée. Servez aussitôt.

Sauce aux pommes

60 calories par portion

Pour 4 personnes :

400 g de pommes acidulées

1 citron non traité

1/2 cuillerée à café d'édulcorant en poudre

2 pincées de cannelle

Les amateurs de saveurs « salées-sucrées » apprécieront cette sauce avec les volailles grillées ou une pièce de gibier rôti.

Coupez les pommes pelées et épépinées en morceaux. Mettez-les dans une casserole avec le zeste et le jus du citron. Laissez cuire 20 minutes à couvert sur feu doux.

Au terme de la cuisson, retirez le zeste. Réduisez les pommes en purée au robot-mixeur. Incorporez l'édulcorant et la cannelle. Servez chaud ou tiède.

Sauce bigarade

1 Prélevez le zeste (partie colorée de l'écorce).

2 Faites blanchir ces zestes coupés en lanières à l'eau bouillante.

3 Délayez le fond de volaille en fouettant rapidement.

4 Faites briller la sauce en y incorporant une noix de beurre.

Sucrée-salée, c'est la sauce complice du canard rôti et des magrets grillés. Elle est exquise aussi sur des brochettes de poulet ou de dinde.

Prélevez le zeste de l'orange. Coupez-le en fines lanières. Ébouillantez-les 3 minutes, puis passez-les sous l'eau fraîche et égouttez-les.

Délayez le fond de volaille dans 25 cl d'eau bouillante. Faites bouillir et réduire 5 minutes.

Dans un bol, délayez la fécule (ou la Maïzena) dans 1 cuillerée à soupe

50 calories par portion

Pour 6 personnes :

1 orange non traitée

1/2 citron

4 morceaux de sucre (20 g)

3 cuillerées à café de fond de volaille déshydraté

2 cuillerées à soupe de vinaigre de Xérès

1 cuillerée à café de fécule de pommes de terre (ou Maïzena)

15 g de beurre allégé

Sel, poivre

d'eau froide. Incorporez-la au fond de volaille en fouettant. Salez, poivrez et réservez.

Dans une petite casserole, portez le vinaigre à ébullition avec le sucre. Faites cuire en surveillant jusqu'à obtention d'un caramel (cela va très vite). Versez-le dans le fond de volaille. Faites cuire encore 1 minute en mélangeant.

Parfumez du jus de l'orange et des zestes. Relevez d'un filet de citron. Hors du feu, incorporez le beurre et servez aussitôt.

SAUCES POUR POISSONS

Riches en protéines et pauvres en lipides (le poisson le plus gras étant toujours plus maigre que la viande), les poissons sont les amis de la minceur. Traditionnellement escortés de sauces riches pour relever la finesse de leur chair, ils ne demandent pas mieux que de bousculer leurs habitudes en s'associant à des sauces légères. Le résultat sera à la hauteur si les poissons sont de toute première fraîcheur, premier critère de qualité pour les produits de la mer.

Sauce à l'oseille

1 Hachez finement les échalotes au couteau.

2 Faites-les revenir sans les laisser colorer.

3 Mouillez avec 1/3 de vin blanc pour 2/3 de fumet.

4 Au dernier moment, ajoutez l'oseille hachée.

L'oseille ajoutée au dernier moment préserve ainsi tout son parfum. Au final, une sauce parfaite pour escorter du cabillaud cuit à la vapeur ou du saumon grillé.

Pelez et hachez finement les échalotes. Mettez-les dans une passoire et passez-les sous l'eau froide. Égouttez-les puis faites-les fondre à l'huile d'olive 2 à 3 minutes.

Mouillez avec le vin blanc et 20 cl d'eau. Ajoutez le fumet de poisson déshydraté, laissez bouillir et réduire de moitié sur feu doux (environ 15 minutes).

Au terme de la cuisson, salez et poivrez. Ajoutez l'oseille hachée menu et la crème mélangée à la moutarde. Rectifiez l'assaisonnement.

Retirez aussitôt du feu et servez sans attendre.

40 calories par portion

Pour 4 personnes :

- 2 échalotes
- 10 cl de vin blanc sec
- 2 cuillerées à café de fumet de poisson déshydraté
- 40 g d'oseille
- 1 cuillerée à café de moutarde
- 1 cuillerée à soupe de crème allégée
- 1 cuillerée à soupe d'huile d'olive
- Sel, poivre

Conseil

Véritable concentré de vitamines C, E, B9, provitamine A et de minéraux (calcium, fer), l'oseille est disponible toute l'année dans les grandes surfaces au rayon des fines herbes. Sachez que plus ses feuilles sont larges et jeunes, plus elles sont savoureuses. Et pour mieux préserver ses précieuses qualités, hachez-la au dernier moment.

Variante gourmande

Sauce aux anchois

Remplacez l'oseille par 1 cuillerée à soupe de crème d'anchois. Parfumez d'une pincée de fleurs de thym et d'une pointe d'ail.

A déguster avec : rougets grillés.

Jus de mer

Tout le parfum du grand large pour cette sauce à servir chaude sur une dorade ou un bar grillé.

30 calories par portion

Pour 4 personnes :

500 g de coques

250 g de moules

1/2 citron

1 cuillerée à soupe d'huile d'olive

Poivre du moulin

Rincez les coques dans plusieurs eaux en les entrechoquant bruyamment afin d'éliminer le maximum de sable. Grattez et rincez également les moules.

Mettez coques et moules dans un grand faitout. Versez dessus 5 cl d'eau bouillante. Faites-les ouvrir 4 à 5 minutes sur feu vif. Filtrez l'eau de cuisson. Laissez décanter quelques minutes puis transvasez cette eau dans une casserole sans verser le fond sableux.

Faites bouillir et réduire jusqu'à ce qu'il reste environ 5 cl de jus sirupeux. Mélangez-y l'huile d'olive et un filet de citron. Poivrez au moulin et servez sans attendre.

Conseil

Utilisez les coques et les moules refroidies et décoquillées dans une salade marine.

Sauce à la ciboulette

Toute simple mais raffinée, c'est la sauce qui s'accorde avec tous les poissons grillés.

140 calories par portion

Pour 4 personnes :

10 cl de crème allégée

100 g de beurre léger demi-sel (41 % de matière grasse)

1 botte de ciboulette

Dans une casserole, portez la crème à ébullition. Laissez bouillir et réduire 3 minutes.

Hors du feu, incorporez le beurre en parcelles en secouant la casserole dans un mouvement de va-et-vient afin de bien émulsionner la sauce.

Parfumez de ciboulette ciselée et servez aussitôt.

Sauce « chien »

Saveur et dépaysement garanti avec cette sauce qui accompagne si bien des filets de dorade en papillotes ou de petits rougets grillés.

100 calories par portion

Pour 6 personnes :

6 tomates

8 échalotes

2 gousses d'ail

1 bouquet de coriandre fraîche

5 cuillerées à soupe d'huile d'olive

Piment de Cayenne, sel, poivre

Incisez les tomates en croix. Ébouillantez-les, pelez-les et épépinez-les. Coupez-les en petits dés.

Pelez et hachez les échalotes et l'ail. Ciselez la coriandre.

Dans un bol, réunissez les tomates, les échalotes, l'ail, la coriandre et l'huile d'olive. Assaisonnez de sel, poivre et piment de Cayenne. Servez à température ambiante.

Sauce aux deux moutardes

1 Faites fondre les échalotes sans les laisser colorer.

2 Mélangez les deux moutardes à la crème.

3 Hors du feu, ajoutez les câpres et la ciboulette.

Elle est parfaite pour réveiller en saveur un gigot de lotte à la vapeur ou du cabillaud poché.

Pelez et hachez finement les échalotes. Faites-les fondre 2 à 3 minutes dans le beurre. Mouillez avec le vermouth. Faites bouilir et réduire presque à sec.

Ajoutez 15 cl de crème allégée. Poursuivez la cuisson 5 minutes sur doux.

Dans un bol, mélangez 5 cl de crème allégée et les deux moutardes. Versez dans la sauce bouillante en fouettant vivement. Retirez aussitôt du feu. Salez et poivrez.

Au dernier moment, ajoutez les câpres égouttées et la ciboulette ciselée. Servez chaud.

95 calories par portion

Pour 4 personnes :

2 échalotes

1 cuillerée à soupe de moutarde à l'ancienne

1 cuillerée à soupe de moutarde forte

40 g de câpres au vinaigre

5 cl de vermouth sec

20 cl de crème allégée

10 g de beurre

1 botte de ciboulette

Sel, poivre

Beurre blanc minceur

160 calories par portion
(33 % de réduction calorique)

Pour 4 personnes :

2 échalotes

5 cl de vin blanc sec

5 cl de vinaigre de vin blanc

15 cl de crème allégée

100 g de beurre léger demi-sel (41 % de matière grasse)

Poivre blanc

Affirmer que cette sauce est la même que dans sa version originale serait mentir. Elle est en effet un peu plus liquide, mais la saveur est bel et bien au rendez-vous pour le plus grand plaisir des gourmands au régime.

Pelez et hachez finement les échalotes. Mettez-les dans une petite casserole avec le vin blanc et le vinaigre. Faites bouillir et réduire sur feu doux jusqu'à ce qu'il reste la valeur de 2 cuillerées à soupe de liquide.

Ajoutez la crème allégée à cette réduction. Poursuivez la cuisson 2 minutes. Hors du feu, incorporez le beurre en parcelles en secouant la casserole dans un mouvement de va-et-vient afin de bien émulsionner la sauce. Relevez d'une pointe de poivre blanc.
Servez aussitôt.

Mousseline au citron vert

1 Fouettez au bain-marie les œufs et le jus de citron.

2 Incorporez le beurre froid en parcelles.

3 Ajoutez une pointe de piment de Cayenne.

160 calories par portion

Pour 4 personnes :

1 œuf + 2 jaunes

Le jus de 3 citrons verts (6 cl)

100 g de beurre léger demi-sel (41 % de matière grasse)

Piment de Cayenne

Inspirée de la sauce hollandaise, cette sauce toute légère et parfumée se prépare avec des jaunes d'œufs doublés d'un œuf entier. Ce dernier apporte le liant, le beurre allégé ayant toujours tendance à liquéfier les sauces.

Dans une terrine au bain-marie sur feu doux, fouettez au batteur électrique l'œuf entier, les jaunes d'œufs et le jus de citron vert jusqu'à ce que la préparation soit mousseuse.

Hors du feu, incorporez le beurre en parcelles sans cesser de fouetter. Relevez d'une pointe de piment de Cayenne. Servez avec un saumon ou un bar grillé.

Variante gourmande

Mousseline façon maltaise

Remplacez le jus de citron vert par du jus d'orange. Incorporez également le zeste d'1/2 orange taillé en fine julienne, préalablement blanchi 2 minutes à l'eau bouillante, rafraîchi et égoutté.

A déguster avec : médaillons de lotte à la vapeur, asperges.

Coulis de mâche

100 calories par portion

Pour 4 personnes :

200 g de mâche

10 g de beurre

20 cl de crème allégée

Sel, poivre

Disponible toute l'année, la mâche permet de renouveler les recettes. Un bel exemple avec cette sauce, idéale avec du lieu jaune ou des truites en papillotes.

Rincez et essorez la mâche. Mettez-la dans une casserole avec le beurre. Salez et poivrez. Laissez étuver 5 minutes sur feu doux à couvert.

Réduisez la mâche en purée au robot-mixeur. Ajoutez la crème allégée. Rectifiez l'assaisonnement. Laissez frémir 5 minutes sur feu doux (la sauce doit légèrement épaissir). Servez bien chaud.

1 Rincez et essorez la mâche.

2 Réduisez la mâche en purée.

3 Ajoutez la crème allégée.

4 Laissez frémir 5 minutes sur feux doux.

Sauce tomate aux épices

Sur un poisson grillé ou à la vapeur, avec des crevettes ou des calmars sautés, cette sauce est toujours bonne, et tellement pratique puisqu'elle peut très bien être réalisée à l'avance, servie froide ou réchauffée.

100 calories par portion

Pour 4 personnes :

1 kg de tomates mûres

3 échalotes

1 gousse d'ail

2 cuillerées à soupe d'huile d'olive

1 piment-oiseau

1/2 cuillerée à café de cannelle

Noix de muscade, sel, poivre

Incisez les tomates en croix. Ébouillantez-les 30 secondes. Égouttez-les, pelez-les et épépinez-les. Hachez-les grossièrement.

Pelez et hachez les échalotes et l'ail. Faites-les fondre 2 à 3 minutes à la poêle dans l'huile d'olive.

Ajoutez les tomates, le piment, la cannelle et une pointe de noix de muscade râpée. Salez et poivrez. Laissez cuire à couvert sur feu doux 20 minutes en mélangeant souvent.

Rectifiez l'assaisonnement en fin de cuisson. Servez chaud, tiède ou froid.

SAUCES POUR LES PÂTES

Exclure totalement les sucres rapides, d'accord ! En revanche, priver l'organisme de sucres lents relève de l'hérésie : le corps a en effet besoin de ce carburant pour préserver son énergie des heures durant. Il est vrai qu'en supprimant complètement les glucides complexes, apportés notamment par le pain, les pâtes ou le riz, la fonte des kilos est assurée. Mais c'est avec le moral en berne qu'ils seront repris dès l'arrêt du régime. Alors des pâtes, oui, mais avec des sauces concoctées avec amour et gourmandise.

Sauce aux fruits de mer

1 Coupez les corps de calmars en anneaux de 1 cm de large.

2 Faites toujours revenir les calmars à feu doux.

3 Ajoutez les tomates pelées et concassées.

4 Faites ouvrir les coques dans le vin sur feu vif.

Une recette à réaliser en fonction des arrivages et des goûts de chacun, sans modifier pour autant sa valeur calorique : des moules peuvent parfaitement remplacer les coques, un morceau de lotte peut aussi s'intervertir avec les calmars.

Chauffez l'huile d'olive dans une sauteuse avec la gousse d'ail écrasée et le piment émietté. Mettez-y à revenir les calmars émincés 5 à 6 minutes sur feu doux. Ajoutez les tomates pelées, épépinées et concassées. Salez et poivrez. Laissez cuire 25 minutes sur feu doux.

Entretemps, rincez les coques dans plusieurs eaux en les entrechoquant bruyamment afin d'éliminer le sable.

120 calories par portion

Pour 6 personnes :

1 kg de coques

350 g de crevettes roses cuites

350 g de calmars nettoyés et prêts à cuire

500 g de tomates

1 oignon

1 gousse d'ail

1 piment-oiseau

2 cuillerées à soupe d'huile d'olive

10 cl de vin blanc sec

6 brins de persil plat (ou de coriandre)

Sel, poivre

Portez le vin blanc à ébullition dans un faitout. Laissez bouillir et réduire 3 minutes. Ajoutez les coques. Faites-les ouvrir 4 à 5 minutes sur feu vif en les tournant avec l'écumoire.

Filtrez leur jus de cuisson. Versez-le dans la sauteuse 5 minutes avant la fin de la cuisson de la sauce.

Au dernier moment, ajoutez-y les crevettes décortiquées et les coques décoquillées. Rectifiez l'assaisonnement.

Mélangez la sauce à 500 g de spaghettis cuits « al dente » et égouttés. Parsemez de persil (ou de coriandre) ciselé et servez aussitôt.

Concassée de tomates fraîches

75 calories par portion

Pour 4 personnes :

500 g de tomates mûres

2 gousses d'ail

2 cuillerées à soupe d'huile d'olive

1 bouquet de basilic

Sel, poivre

C'est la chaleur des pâtes qui va finir de chauffer cette sauce nature au bon goût de l'été.

Incisez les tomates en croix. Ébouillantez-les 30 secondes, égouttez-les et pelez-les. Coupez-les en deux, pressez-les pour éliminer l'eau et les graines puis détaillez la chair en dés.

Mettez-les dans une terrine avec les gousses d'ail écrasées, l'huile d'olive, le sel et le poivre. Faites tiédir 10 minutes au bain-marie pour que les parfums s'épanouissent. Au dernier moment, parfumez de basilic ciselé.

Versez cette sauce sur 350 g de spaghettis cuits et égouttés ou utilisez-la pour assaisonner une salade de pâtes à l'italienne.

Coulis de tomates

70 calories par portion

Pour 6 personnes :

750 g de tomates

1 échalote

1 gousse d'ail

1/2 tablette de bouillon de volaille

1 cuillerée à café de concentré de tomate

1 bouquet garni

1 cuillerée à soupe d'huile d'olive

1 pincée de sucre

Sel, poivre

C'est une sauce de base qui s'associe avec toutes les pâtes et qui accompagne aussi les poissons, les viandes bouillies, les flans et les terrines de légumes.

Délayez la demi-tablette de bouillon de volaille dans 20 cl d'eau bouillante.

Incisez les tomates en croix. Ébouillantez-les 30 secondes. Pelez-les, épépinez-les et coupez-les en morceaux.

Faites fondre l'échalote hachée 2 à 3 minutes à l'huile d'olive. Ajoutez l'ail écrasé, les tomates, le concentré, le bouquet garni et 1 pincée de sucre. Mouillez avec le bouillon. Salez et poivrez légèrement. Laissez cuire 20 minutes à couvert.

Au terme de la cuisson, retirez le bouquet garni. Mixez le tout. Rectifiez l'assaisonnement.

Si le coulis est trop liquide (selon la qualité des tomates), faites-le bouillir et réduire afin qu'il épaississe.

Servez chaud ou froid avec toutes les pâtes.

Sauce à la viande et au yaourt

160 calories par portion

Pour 6 personnes :

2 oignons

400 g de steak haché maigre

1 gousse d'ail

2 yaourts brassés nature

2 cuillerées à soupe d'huile d'olive

1/2 cuillerée à café de cumin en poudre

1 piment-oiseau

6 brins de coriandre fraîche

Noix de muscade, sel, poivre

Saveur et légèreté sont bel et bien au rendez-vous, au même titre que les nutriments de la forme, parmi lesquels vitamines et calcium.

Pelez et émincez les oignons. Mettez-les à fondre à la poêle dans 1 cuillerée à soupe d'huile d'olive jusqu'à ce qu'il soient transparents.

Ajoutez le steak haché. Faites-les cuire 3 à 4 minutes sur feu vif en l'écrasant à la fourchette. Salez et poivrez. Parfumez de cumin et d'une pointe de noix de muscade râpée. Relevez du piment émietté.

Dans un bol, mélangez les yaourts, la gousse d'ail pressée et 1 cuil à soupe d'huile d'olive. Salez et poivrez.

Versez cette sauce dans la poêle, mais hors du feu. Remuez rapidement. Versez sur 500 g de spaghettis cuits et égouttés. Mélangez à nouveau et parsemez de coriandre ciselée.

Sauce safranée au poulet

1 Vous pouvez rehausser le bouillon de cuisson de brins de persil ou de coriandre.

2 Liez la sauce au jaune d'œuf en remuant vivement et sans refaire bouillir.

Cette recette peut parfaitement être réalisée avec un reste de poulet rôti ou de tout autre viande blanche maigre.

200 calories par portion

Pour 4 personnes :

2 blancs de poulet (300 g)

1 pointe de couteau de safran

1 tablette de bouillon de volaille

20 cl de crème allégée

1 jaune d'œuf

Sel, poivre

Délayez la tablette de bouillon de volaille dans 50 cl d'eau bouillante. Faites-y pocher les blancs de poulet 25 minutes à frémissements. Égouttez-les et coupez-les en lamelles.

Dans une poêle, faites chauffer la crème. Ajoutez les lamelles de poulet et le safran. Salez et poivrez. Laissez bouillir et réduire 3 à 4 minutes.

Dans un bol, mélangez le jaune d'œuf et une petite louche de sauce très chaude. Reversez le tout dans la poêle.

Retirez aussitôt du feu et versez sur 350 g de tagliatelles cuites et égouttées. Mélangez et servez immédiatement.

Sauce aux trois légumes

1 Coupez l'aubergine en tranches que vous détaillerez en dés.

2 Cassez la queue des artichauts avant de les émincer à cru.

90 calories par portion

Pour 4 personnes :

- **1 aubergine**
- **4 petits artichauts primeurs (violets de Provence)**
- **3 oignons nouveaux**
- **2 cuillerées à soupe d'huile d'olive**
- **1 gousse d'ail**
- **1 citron**
- **1/2 bouquet de basilic**
- **Sel, poivre**

Des accents très italiens pour ce trio de légumes subtilement relevés d'ail et de basilic.

Coupez l'aubergine en petits dés. Faites-les revenir à la poêle dans l'huile d'olive jusqu'à ce qu'ils soient légèrement dorés. Salez et poivrez.

Retirez-les et remplacez-les par les oignons hachés. Faites-les fondre 2 à 3 minutes sur feu doux. Ajoutez les artichauts émincés et l'ail haché. Poursuivez la cuisson 2 minutes en mélangeant. Remettez les dés d'aubergine dans la poêle. Arrosez du jus du citron et de 5 cl d'eau. Laissez cuire 5 minutes à couvert.

Rectifiez l'assaisonnement. Parfumez de basilic ciselé. Mélangez à 350 g de tagliatelles cuites et égouttées. Servez aussitôt.

Sauce aux courgettes

100 calories par portion

Pour 4 personnes :

5 petites courgettes

4 oignons nouveaux

1 gousse d'ail

2 cuillerées à soupe d'huile d'olive

1/2 bouquet de basilic

Sel, poivre

Minceur et gourmandise vont de pair avec cette sauce à l'accent méridional.

Rincez et épongez les courgettes. Sans les peler, coupez-les en petits dés.

Pelez et hachez les oignons. Faites-les fondre 4 à 5 minutes à la poêle dans l'huile d'olive. Ajoutez l'ail écrasé et les courgettes. Laissez cuire 15 minutes en mélangeant souvent. Salez et poivrez.

Mélangez-les à 350 g de macaronis cuits et égouttés. Donnez quelques tours de moulin à poivre. Parsemez de basilic et servez aussitôt.

Sauce au pistou légère

175 calories par portion
(61 % de réduction calorique)

Pour 4 personnes :

2 bouquets de basilic

50 g de parmesan râpé

4 gousses d'ail nouveau

2 cuillerées à soupe d'huile d'olive

20 cl de crème allégée

Sel, poivre

Cette version poids-plume n'a rien perdu de son parfum. Une petite merveille sur des pâtes « al dente ».

Effeuillez le basilic. Mettez les feuilles dans le bol du mixeur avec les gousses d'ail pelées, le parmesan et l'huile d'olive. Actionnez l'appareil jusqu'à obtention d'un mélange crémeux.

Incorporez la crème allégée en continuant à mixer. Salez et poivrez.

Versez sur 350 g de torsades ou de tagliatelles fines, cuites et égouttées. Mélangez rapidement et parsemez de basilic frais ciselé.

Conseil

Pour une sauce parfaitement émulsionnée, versez-y 1 à 2 cuillerées à soupe de l'eau de cuisson des pâtes.

Sauce aux champignons

125 calories par portion

Pour 4 personnes :

400 g de tomates

350 g de champignons de Paris

1 cuillerée à soupe d'huile d'olive

15 cl de crème allégée

Sel, poivre

Champignons et tomates constituent un heureux duo dans cette sauce savoureuse à souhait.

Incisez les tomates en croix. Ébouillantez-les 30 secondes. Égouttez-les, pelez et épépinez-les. Réduisez-les en coulis au robot-mixeur et réservez.

Nettoyez et émincez les champignons. Faites-les revenir à la poêle dans l'huile d'olive 8 à 10 minutes, jusqu'à ce que toute l'eau de végétation soit évaporée et qu'ils commencent à dorer. Salez et poivrez.

Versez dessus le coulis de tomates. Poursuivez la cuisson 15 minutes sur feu doux. Ajoutez la crème. Laissez cuire encore 2 minutes. Rectifiez l'assaisonnement.

Versez le tout sur 350 g de tagliatelles cuites et égouttées. Remuez vivement et servez sans attendre.

Sauce aux poivrons

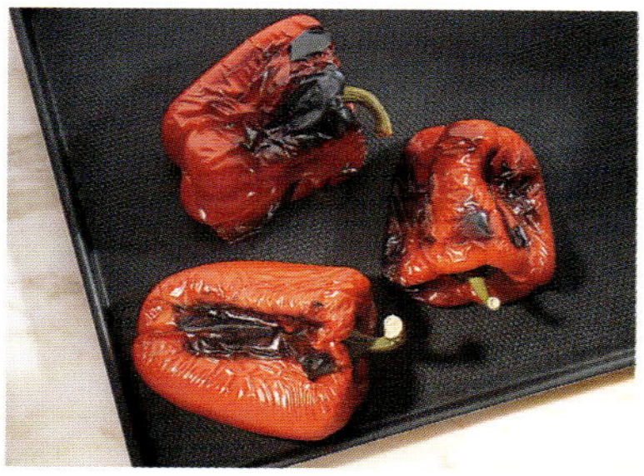

1 Faites griller les poivrons sous le gril du four ou au barbecue.

2 Sitôt grillés, mettez-les dans un sac en plastique et laissez-les tiédir.

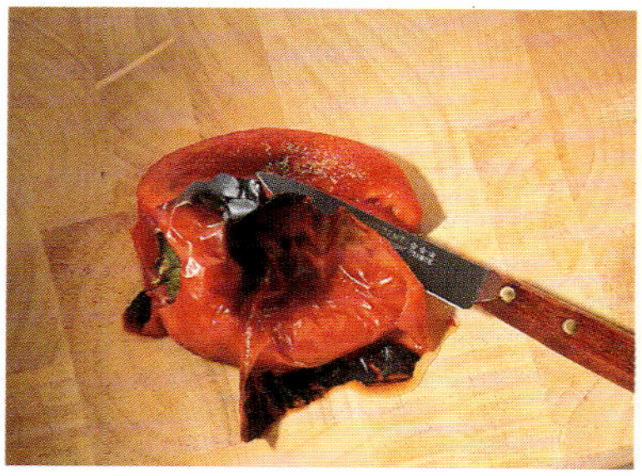

3 La peau se retire alors très facilement, laissant apparaître la chair rouge.

Grillés et pelés, les poivrons sont parfaitement digestes. Pour un plat unique et complet, du crabe ou du thon en boîte au naturel sont les bienvenus.

Faites griller les poivrons sous le gril du four juqu'à ce que leur peau soit noircie et cloquée par endroits. Laissez-les tiédir dans un sac en plastique puis pelez-les, épépinez-les et coupez-les en dés en récupérant leur jus. Mettez-les dans une casserole avec leur jus, l'ail pressé et l'huile d'olive. Chauffez 5 minutes sur feu doux. Salez et poivrez au dernier moment.

Mélangez-les à 350 g de macaronis (ou de plumes) cuits et égouttés. Servez très chaud.

4 Chauffez à feu doux pour que tous les parfums s'épanouissent.

60 calories par portion

Pour 4 personnes :

4 poivrons rouges charnus

1 gousse d'ail

1 cuillerée à soupe d'huile d'olive

Sel, poivre

SAUCES DESSERTS

Pour ceux ou celles qui ne peuvent pas se passer de sucré, les sauces desserts viennent à point nommé. Imaginez : une pomme au four nappée d'une crème anglaise ultra-légère, une glace au yaourt et son coulis de fraises... Mais oui, les temps ont changé : les édulcorants d'aujourd'hui n'ont plus rien à voir avec la saccharine d'antan. Et si le lait est « demi-écrémé » ou le fromage blanc à 20 %, c'est pour donner davantage de moelleux, avec une différence de calories minime par rapport aux produits à 0 % de matière grasse.

Crème anglaise allégée

1 Les ingrédients : lait, œufs, vanille et édulcorant.

2 Laissez la vanille infuser dans le lait chaud.

3 Délayez les jaunes avec le lait en mélangeant vivement.

4 Faites épaissir en remuant sans cesse à la cuiller en bois.

100 calories par portion
(49 % de réduction calorique)

Pour 6 personnes :

50 cl de lait demi-écrémé

6 jaunes d'œufs

6 cuillerées à soupe d'édulcorant en poudre

1 gousse de vanille

1/2 feuille de gélatine (1 g)

Une demi-feuille de gélatine apporte la juste liaison sans nuire à la saveur de cette sauce délicate.

Dans une casserole à fond épais, portez le lait à ébullition avec la gousse de vanille fendue. Laissez infuser la vanille 10 minutes puis retirez-la. Remettez le lait à chauffer.

Mettez la gélatine à ramollir dans un bol d'eau froide.

Dans un saladier, délayez les jaunes avec le lait bouillant. Sucrez avec l'édulcorant. Reversez le tout dans la casserole. Faites épaissir sur feu très doux sans cesser de mélanger et sans jamais laisser bouillir. La crème est à point lorsqu'elle nappe la spatule.

Hors du feu, incorporez la gélatine bien pressée entre les mains. Remuez vivement pour la dissoudre.

Servez la crème anglaise après refroidissement, pour accompagner une charlotte aux fruits ou un gâteau au chocolat. Elle peut aussi servir de base à un bavarois ou une glace.

Variantes gourmandes

Crème anglaise au café

Ajoutez 1 cuillerée à soupe de café soluble dans le lait chaud après y avoir fait infuser la vanille. Vous l'utiliserez comme base d'un bavarois ou d'une glace ou en accompagnement d'un dessert au chocolat.

Crème anglaise au chocolat

Ajoutez 100 g de chocolat noir râpé au lait chaud après y avoir fait infuser la vanille. Comptez seulement 5 cuillerées à soupe d'édulcorant en poudre. Vous l'utiliserez comme base d'un bavarois ou d'une glace ou en accompagnement d'un entremets au café.

Crème pâtissière

135 calories par portion
(43 % de réduction calorique)

Pour 6 personnes :

50 cl de lait demi-écrémé

6 jaunes d'œufs

6 cuillerées à soupe d'édulcorant en poudre

20 g de farine

20 g de Maïzena

15 g de beurre léger

1 gousse de vanille

Pour garder tout son pouvoir sucrant, l'édulcorant est ajouté après cuisson. Le résultat est concluant : la crème est légère et savoureuse.

Dans une casserole à fond épais, faites chauffer 45 cl de lait avec la gousse de vanille fendue. Laissez infuser la vanille 10 minutes puis retirez-la. Remettez à nouveau le lait à chauffer.

Dans un saladier, mélangez les jaunes d'œufs avec 5 cl de lait froid. Incorporez la farine et la Maïzena puis délayez avec le lait bouillant.

allégée

Reversez le tout dans la casserole. Faites épaissir sur feu doux, sans cesser de mélanger, jusqu'à l'ébullition.

Hors du feu, mélangez-y le beurre puis l'édulcorant en fouettant la crème.

Vous l'utiliserez après refroidissement pour garnir des tartes aux fruits, fourrer des crêpes ou une génoise.

Conseil :

La crème refroidira plus vite si vous l'étalez sur un p at.

Variantes gourmandes

Composée d'eau, de farine et d'œufs, la pâte à choux est beaucoup plus légère que toutes les pâtes à tartes. Il serait donc dommage de vous priver d'éclairs au chocolat ou de profiteroles dans leur exquise version minceur.

Crème au chocolat

Incorporez à la crème pâtissière encore chaude 150 g de chocolat noir, riche en cacao, râpé ou broyé au robot-mixeur. Fouettez jusqu'à ce qu'il soit fondu. Vous l'utiliserez pour fourrer des éclairs ou des religieuses.

Crème Saint-Honoré

Incorporez 2 blancs d'œufs montés en neige à la crème pâtissière juste refroidie. Vous l'utiliserez pour fourrer un saint-honoré ou des profiteroles.

1 Battez les jaunes jusqu'à ce qu'ils soient mousseux.

2 Versez petit à petit le reste de vin ou de jus en continuant à battre.

3 Battez le tout dans un bain-marie frémissant mais non bouillant.

4 Au dernier moment, incorporez la gélatine égouttée.

Sabayon

Aérien par sa texture, allégé en sucre et donc en calories, ce sabayon trouve tout naturellement sa place lors d'un programme minceur.

Mettez la gélatine à ramollir dans un bol d'eau froide.

Dans une jatte, battez les jaunes d'œufs, l'édulcorant en poudre et 5 cl de vin ou de jus de fruits au batteur électrique jusqu'à ce que le mélange soit mousseux.

Placez la jatte au-dessus d'une bain-marie frémissant. Incorporez le reste de vin (ou de jus de fruits) en continuant à fouetter au batteur électrique jusqu'à ce que le mélange épaississe et triple de volume. Veillez à ne pas trop le chauffer. Au besoin, retirez régulièrement la jatte du bain-marie.

Faites fondre la gélatine égouttée dans 1 cuillerée à soupe d'eau chaude. Versez-la dans le sabayon en continuant à battre. Parfumez de madère (ou de porto).

Dégustez chaud en accompagnement de fruits pochés, d'une compote ou d'une charlotte.

Si vous souhaitez le servir froid, continuez à fouetter le sabayon jusqu'à refroidissement.

75 à 90 calories par portion
(40 à 50 % de réduction calorique)

Pour 4 personnes :

4 jaunes d'œufs

4 cuillerée à soupe d'édulcorant en poudre

15 cl de vin blanc ou de jus de fruits frais

1 feuille de gélatine (2 g)

1 cuillerée à soupe de madère (ou de porto)

Coulis de fraises

25 calories par portion

Pour 4 personnes :

250 g de fraises

1/2 citron

2 cuillerées à soupe d'édulcorant en poudre

Comme le sucre, l'édulcorant rélève le goût des fruits, les calories en moins.

Rincez et équeutez les fraises. Réduisez-les en purée au robot-mixeur. Filtrez-les à travers un tamis ou une passoire fine. Mélangez-y le jus du demi-citron et l'édulcorant.

Servez très frais en accompagnement de glaces, sorbets, fromage blanc ou yaourts.

Variante gourmande

Sauce Melba

Remplacez les fraises par des framboises (fraîches ou surgelées).
Parfumez d'1 cuillerée à soupe d'eau-de-vie de framboise (ou de kirsch).
Servez sur des pêches blanches pochées, dressées sur un lit de glace à la vanille (préparée avec une crème anglaise allégée).

Coulis d'abricots

40 calories par portion

Pour 4 personnes :

300 g d'abricots très mûrs

3 cuillerées à soupe d'édulcorant en poudre

1/2 citron

Une recette à réaliser en plein été avec des fruits gorgés de soleil et de carotène, la vitamine de la bonne mine.

Dénoyautez les abricots. Coupez-les en morceaux puis réduisez-les en purée au robot-mixeur avec l'édulcorant et le jus du demi-citron. Passez la purée au tamis ou à travers une passoire fine.

Servez très frais en accompagnement de glaces, sorbets, fromage blanc ou yaourts.

Conseil

Pour un parfum subtil, ajoutez au coulis 2 gouttes d'extrait d'amandes amères.

Sauce au cacao

72 calories par portion

Pour 4 personnes :

70 g de cacao en poudre non sucré

9 cuillerées à soupe d'édulcorant en poudre

15 g de beurre léger (41 % de matière grasse)

Un peu amère comme du très bon chocolat, cette sauce plaira à coup sûr aux amateurs du carré noir.

Dans une casserole, mélangez le cacao et 25 cl d'eau froide jusqu'à ce que la préparation soit lisse et homogène. Portez à ébullition sur feu doux en mélangeant. Laissez frémir 2 minutes, toujours en mélangeant.

Hors du feu, sucrez avec l'édulcorant. Ajoutez le beurre. Servez aussitôt ou gardez au chaud dans un bain-marie frémissant.

Dégustez la sauce fumante sur des profiteroles, une glace ou des poires au sirop.

Sauce au chocolat

A peine chauffé, le chocolat garde tout son parfum et sa brillance dans cette sauce parfaitement compatible avec un régime-minceur.

170 calories par portion

Pour 4 personnes :

100 g de chocolat noir amer

10 cl de crème liquide allégée

Dans une casserole, portez la crème à ébullition.

Hors du feu, ajoutez le chocolat cassé en morceaux. Laissez reposer 5 minutes afin que le chocolat fonde. Lissez le mélange.

Servez la sauce chaude.

Conseil

Pour que le chocolat fonde presque instantanément, broyez-le au préalable au robot-mixeur.

Chantilly allégée

1 Parfumez la crème très froide avec un peu de vanille.

2 Ajoutez l'édulcorant en poudre en continuant à fouetter.

3 Fouettez jusqu'à ce que la crème tienne aux branches du fouet.

150 calories par portion
(22 % de réduction calorique)

Pour 4 personnes :

20 cl de crème liquide

3 cuillerées à soupe d'édulcorant en poudre

1 pincée de vanille

Aussitôt faite, aussitôt servie : cette chantilly n'attend pas mais quelle légèreté !

Placez la crème liquide 15 minutes au congélateur. Versez-la dans une jatte bien froide. Parfumez de vanille. Fouettez-la au batteur électrique à petite vitesse ou au fouet à main jusqu'à ce qu'elle soit légère et mousseuse.

Incorporez l'édulcorant en poudre en continuant à fouetter. Servez rapidement.

Crème de fromage frais à la cannelle

85 calories par portion

Pour 4 personnes :

150 g de fromage frais allégé (type Saint-Moret léger)

10 cl de crème liquide allégée (à 15 % de matière grasse)

3 cuillerées à soupe d'édulcorant en poudre

1 cuillerée à soupe de jus de citron

1 feuille de gélatine (2 g)

2 pincées de cannelle

Elle est assez ferme pour garnir une génoise, une tarte, des poires ou des pêches au sirop. Elle a aussi l'avantage de pouvoir être préparée à l'avance.

Fouettez la crème liquide très froide jusqu'à ce qu'elle soit légère et mousseuse. Réservez-la au réfrigérateur.

Mettez la feuille de gélatine à ramollir à l'eau froide. Égouttez-la en la pressant dans les mains puis faites-la fondre dans le jus de citron tiédi.

Travaillez le fromage frais en y incorporant la gélatine, l'édulcorant, la cannelle puis, délicatement, la crème fouettée.

Mettez au réfrigérateur jusqu'au moment de servir.

Neige de fromage blanc à la vanille

70 calories par portion

Pour 4 personnes :

250 g de fromage blanc battu à 20 % de matière grasse

2 blancs d'œufs

1 citron non traité

2 cuillerées à soupe d'édulcorant

1 gousse de vanille

Pour accompagner tous les fruits rouges, rien de tel que la fraîcheur d'un fromage blanc rehaussé de vanille et aéré par des blancs en neige.

Râpez finement le zeste du citron. Mettez-le dans une passoire fine. Plongez celle-ci dans une casserole d'eau bouillante. Faites blanchir 3 minutes. Rafraîchissez et égouttez.

Fendez la gousse de vanille. Avec la pointe d'un couteau, raclez l'intérieur. Ajoutez les petites graines noires au fromage blanc. Sucrez avec l'édulcorant. Ajoutez le zeste blanchi et mélangez bien.

Montez les blancs d'œufs en neige avec un filet de citron. Incorporez-les délicatement au fromage blanc.

Servez rapidement.

Remerciements
Nous remercions le Bazar de l'Hôtel de Ville (photos-gestes)
et Jars Céramistes (grandes photos) pour leur prêt de matériel.

Achevé d'imprimer en mars 1999
Photogravure : S.N.O. - Ivry-sur-Seine
Impression : P.P.O. - Pantin
N° d'édition : FT310101